Goethes *schlechteste* Gedichte

Satz: Fotosatz Rizner, Salzburg
Druck: Friedrich Pustet, Regensburg
ISBN 3-7017-1154-2

GOETHES *schlechteste* GEDICHTE

Ausgewählt von
GOTTLIEB AMSEL

Zeichnungen von
WALTER SCHMÖGNER

Residenz Verlag

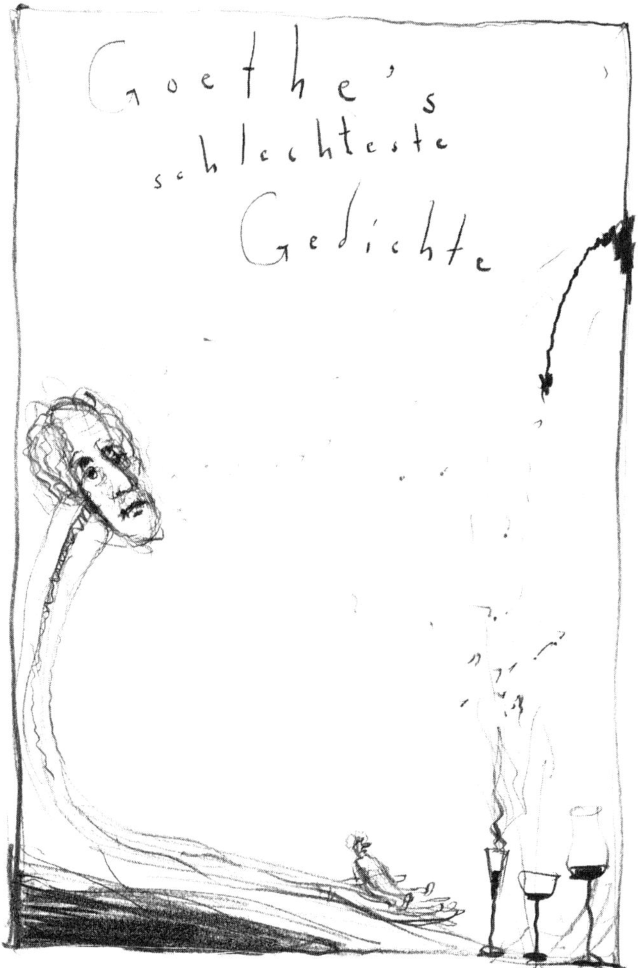
Goethe's
schlechteste
Gedichte

… sind natürlich immer noch besser als die besten von … Womit wir uns hoffentlich hinlänglich entschuldigt haben für das, was Sie nun in Händen halten. Dabei wollten wir nicht mehr und nicht weniger, als den Blick einmal hinlenken auf jenen Teil des Goetheschen Gesamtschaffens, der u. E. bisher nicht ausreichend Beachtung gefunden hat: jene Gedichte, die dem Meister am wenigsten gelungen sind.

Natürlich ahnen wir heute schon die Vorhaltung einiger Rezensenten, die in unserer Auswahl ihre Lieblingsstücke vermissen. Drum sei – auch wenn es selbstverständlich ist – die Subjektivität dieser Auswahl nachdrücklich betont. Und damit die Elle, nach der hier gemessen wurde, auch kenntlich bleibt, sind drei Gedichte daruntergemischt, die dem Dichter fürstlich gelungen sind (Sie werden sie schon finden).

Gedichte, wie so vieles in der Welt, wollen bedacht und verstanden werden. Walter Schmögner hat dies mit ebenso spitzem wie sanftem Bleistift getan und dabei manches aus den Schattenzonen dichterischer Existenz ans Licht befördert, was nun so gar nicht fürstlich, vielmehr – wie sagt man? – zutiefst menschlich ist. Wird Goethe nicht gerade dadurch noch ein gutes Stück mehr einer der unseren?

Wir wünschen für die kommenden Seiten gute Unterhaltung. Denn, der Dichter hat es ja, uns zur Beherzigung, selber gesagt in dem Gedicht mit dem bezaubernden Titel »Das Parterre spricht«:

> »Lieber will ich schlechter werden
> Als mich ennuyieren.«

Eben, eben.

WAS unterm Monde liegt, ist eitel!
Sprach Salomo und Phanias;
Und Goethe spricht heut abend eben das.

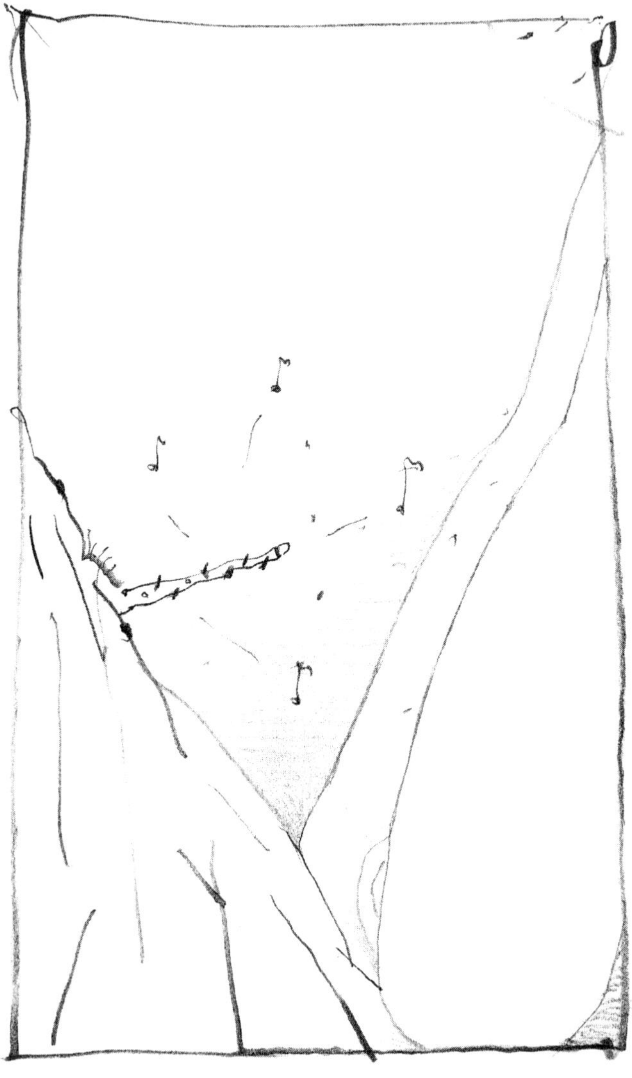

Die Bekehrte

Bei dem Glanze der Abendröte
Ging ich still den Wald entlang,
Damon saß und blies die Flöte,
Daß es von den Felsen klang,
So la la!

Und er zog mich, ach, an sich nieder,
Küßte mich so hold, so süß.
Und ich sagte: Blase wieder!
Und der gute Junge blies,
So la la!

Meine Ruhe ist nun verloren,
Meine Freude floh davon,
Und ich höre vor meinen Ohren
Immer nur den alten Ton,
So la la, le ralla!

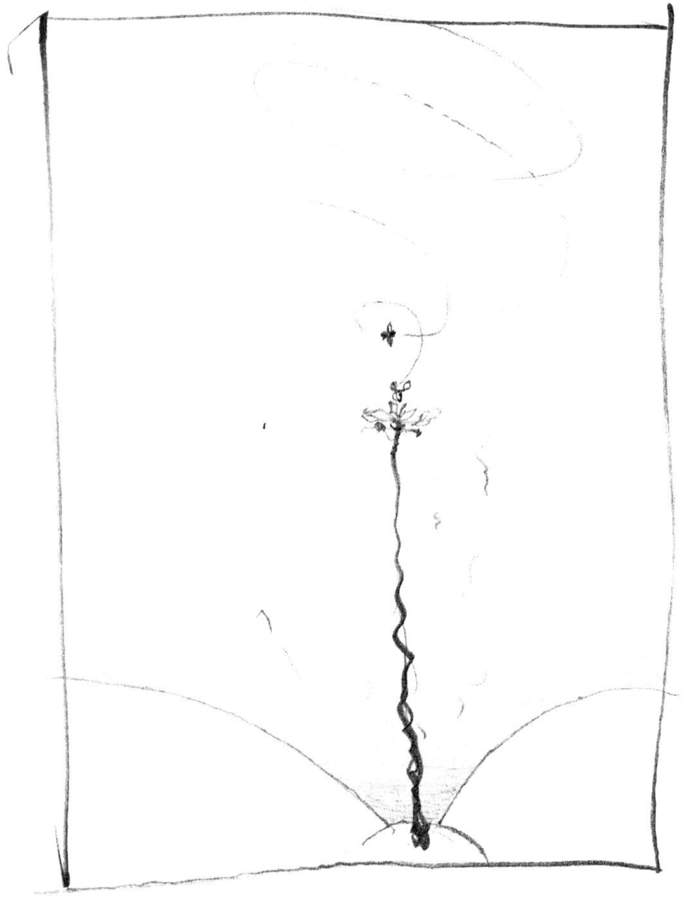

Gleich und gleich

Ein Blumenglöckchen
Vom Boden hervor
War früh gesprosset
In lieblichem Flor;
Da kam ein Bienchen
Und naschte fein: –
Die müssen wohl beide
Für einander sein.

Erster Verlust

Ach, wer bringt die schönen Tage,
Jene Tage der ersten Liebe,
Ach, wer bringt nur eine Stunde
Jener holden Zeit zurück!

Einsam nähr ich meine Wunde,
Und mit stets erneuter Klage
Traur ich ums verlorne Glück.

Ach, wer bringt die schönen Tage,
Jene holde Zeit zurück!

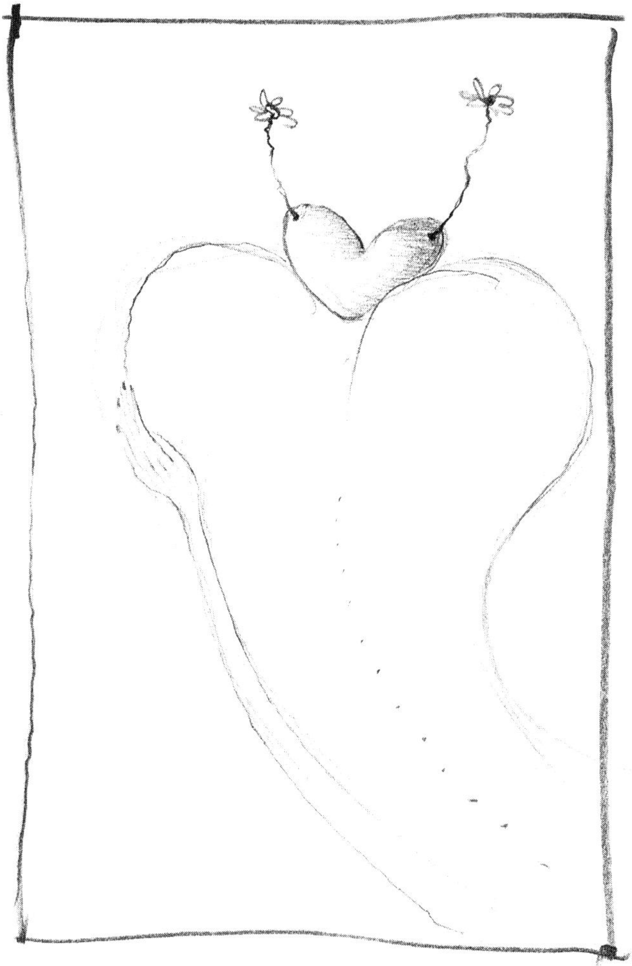

Blumengruss

Der Strauß, den ich gepflücket,
Grüße dich vieltausendmal!
Ich habe mich oft gebücket,
Ach, wohl eintausendmal,
Und ihn ans Herz gedrücket
Wie hunderttausendmal!

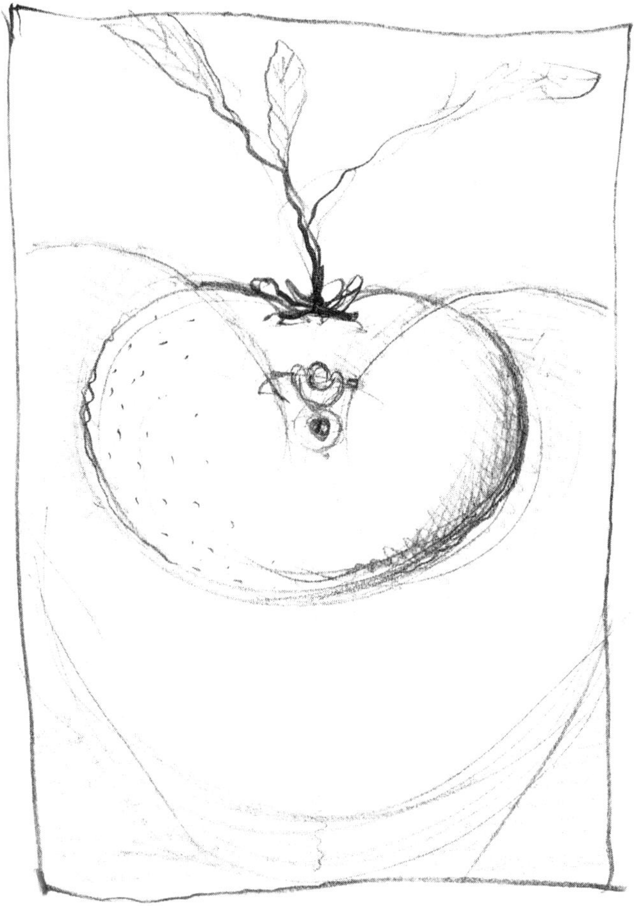

An seine Spröde

Siehst du die Pomeranze?
Noch hängt sie an dem Baume;
Schon ist der März verflossen
Und neue Blüten kommen.
Ich trete zu dem Baume
Und sage: Pomeranze
Du reife Pomeranze,
Du süße Pomeranze,
Ich schüttle, fühl, ich schüttle,
O fall in meinen Schoß!

Angebinde zur Rückkehr

Die Freundin war hinausgegangen,
Um in der Welt sich umzutun;
Nun wird sie bald nach Haus gelangen
Und auf gewohnte Weise ruhn.
Und neigt sie dann das artge Köpfchen,
Umwunden reich von Zopf und Zöpfchen,
Nach einem kissenweichen Sitzchen,
So bietet freundlich ihr das Mützchen.

ZWISCHEN heut und morgen
Liegt eine lange Frist;
Lerne schnell besorgen,
Da du noch munter bist.

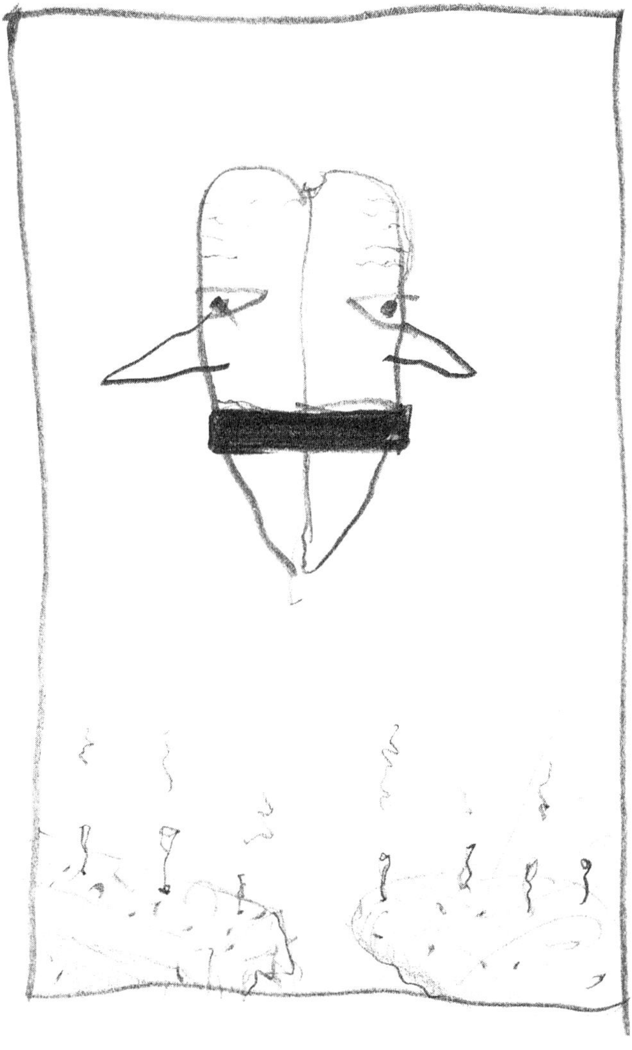

UND wärst du auch zum fernsten Ort,
Zur kleinsten Hütte durchgedrungen,
Was hilft es dir? du findest dort
Tabak und böse Zungen.

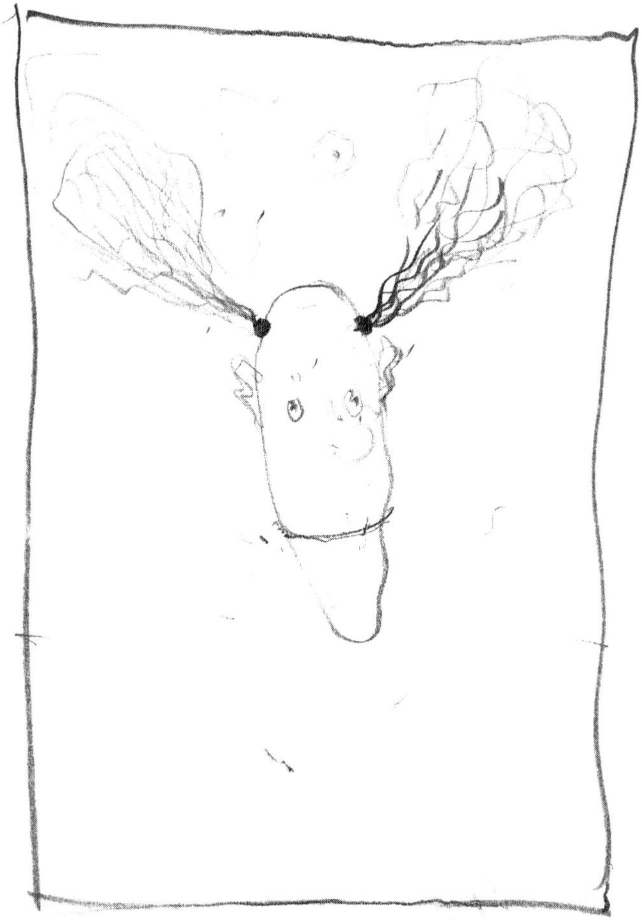

SO KOMMT denn auch das Dichtergenie
Durch die Welt, und weiß nicht wie.
Guten Vorteil bringt ein heitrer Sinn;
Andern zerstört Verlust den Gewinn.

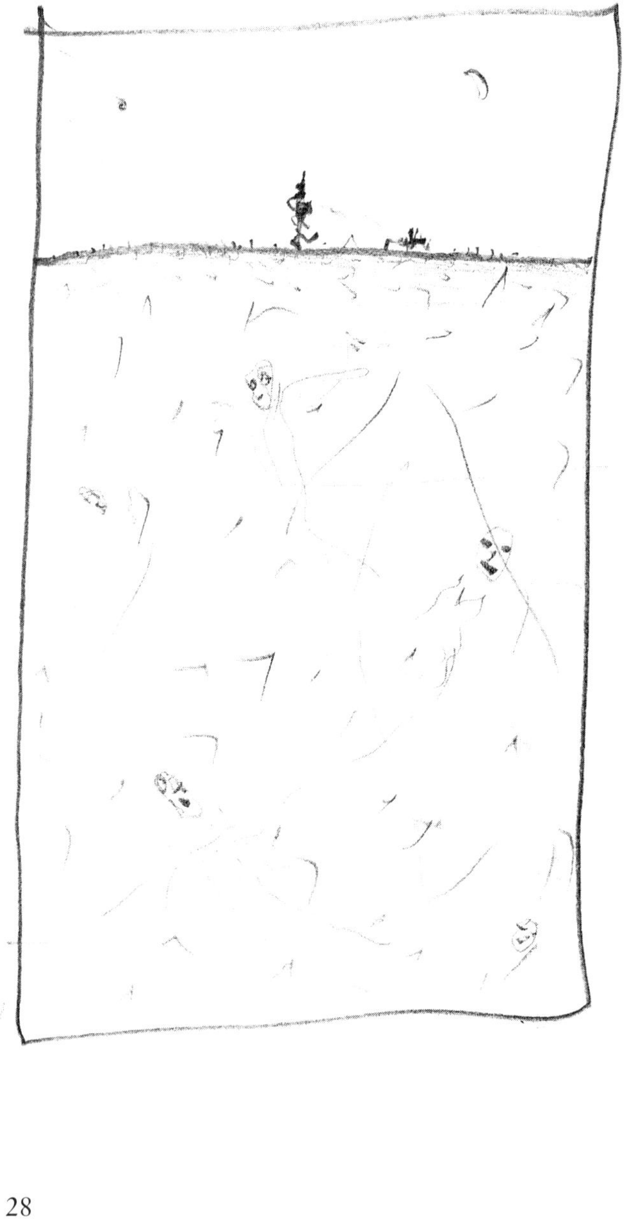

Perfektibilität

Möcht ich doch wohl besser sein,
Als ich bin! Was wär es!
Soll ich aber besser sein,
Als du bist, so lehr es!

Möcht ich auch wohl besser sein
Als so mancher andre!
«Willst du besser sein als wir,
Lieber Freund, so wandre.»

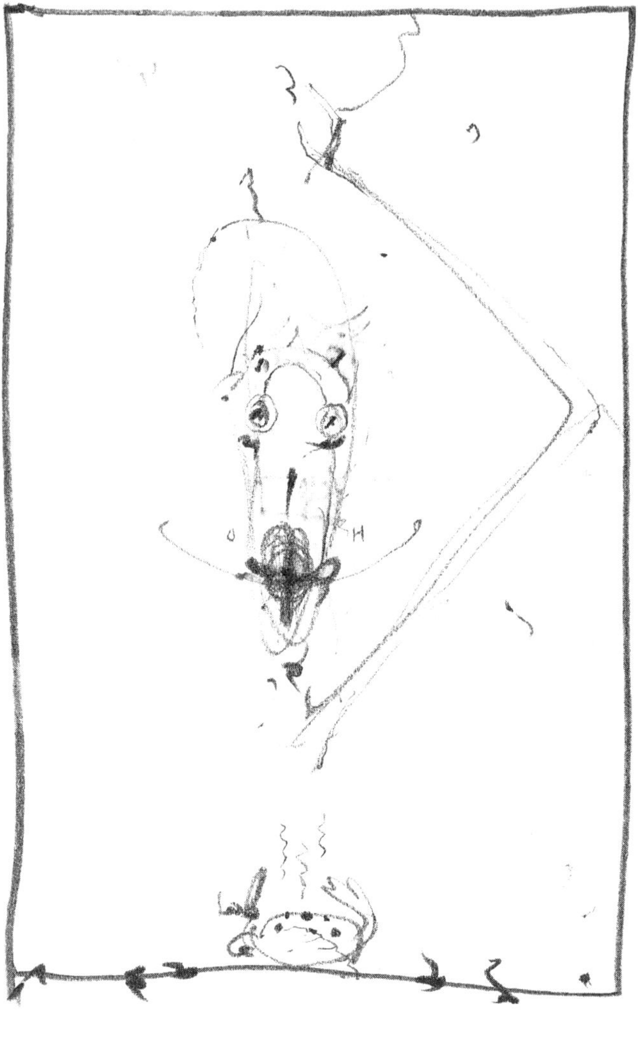

Schneider-Courage

«Es ist ein Schuß gefallen!
Mein! sagt, wer schoß da drauß?»
Es ist der junge Jäger,
Der schießt im Hinterhaus.

Die Spatzen in dem Garten,
Die machen viel Verdruß.
Zwei Spatzen und ein Schneider,
Die fielen von dem Schuß;

Die Spatzen von den Schroten,
Der Schneider von dem Schreck,
Die Spatzen in die Schoten,
Der Schneider in den –.

Lebensart

Über Wetter- und Herren-Launen
Runzle niemals die Augenbraunen;
Und bei den Grillen der hübschen Frauen
Mußt du immer vergnüglich schauen.

SEID willkommen, edle Gäste,
Jedem echten deutschen Sinn;
Denn das Herrlichste, das Beste
Bringt allein dem Geist Gewinn.

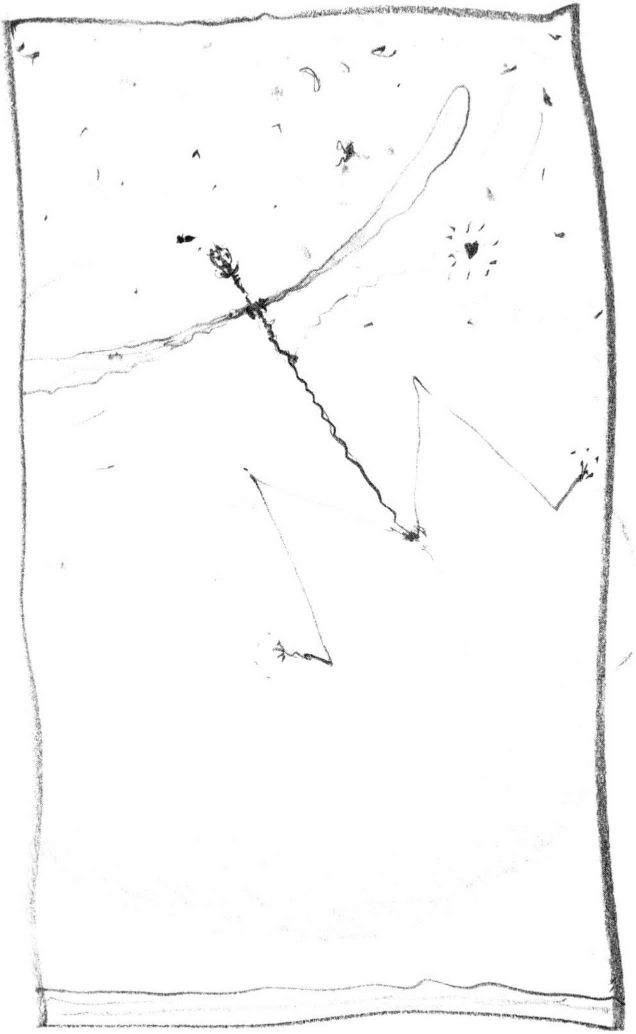

Abwege

Künstler, wirds im Innern steif,
Das ist nicht erfreulich;
Auch der vagen Züge Schweif
Ist uns ganz abscheulich.
Kommst du aber auf die Spur,
Daß dus nicht getroffen,
Zu der wahren Kunstnatur
Steht der Pfad schon offen.

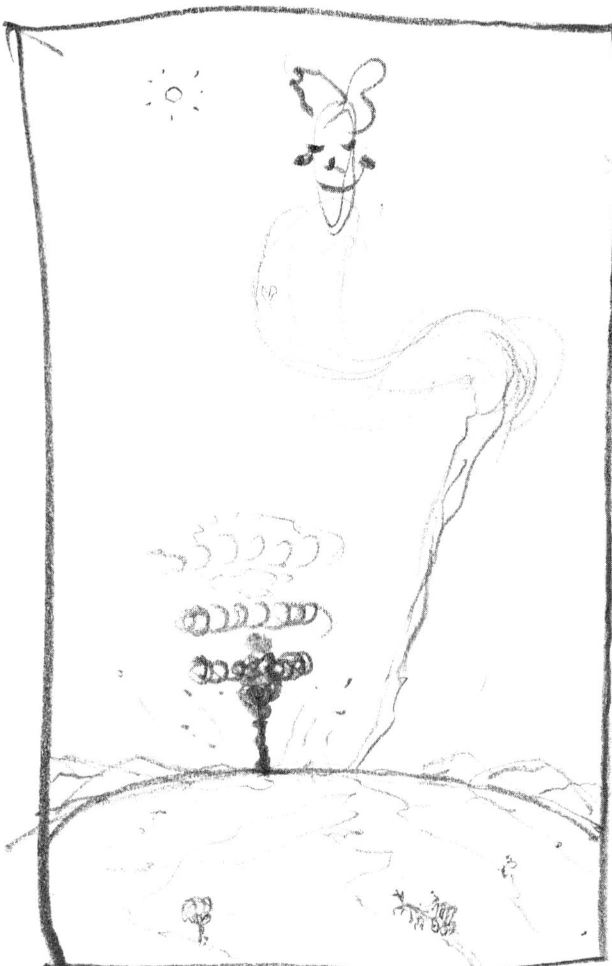

SCHÖN und menschlich ist der Geist,
Der uns in das Freie weist,
Wo in Wäldern, auf der Flur,
Wie im steilen Berggehänge,
Sonnen-Auf- und Untergänge
Preisen Gott und die Natur.

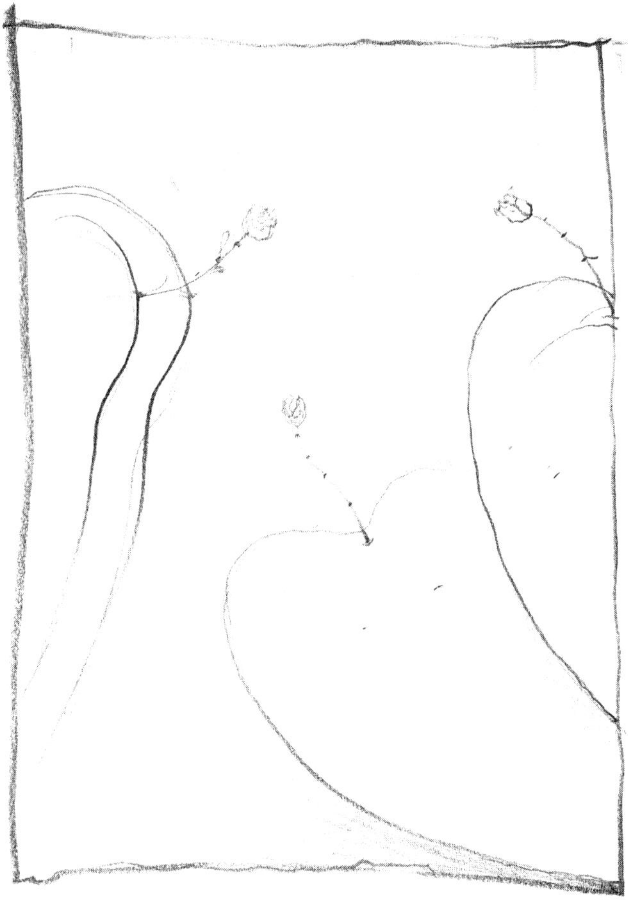

GLÜCKLICHER Künstler! in himmlischer Luft
Bewegen sich ihm schöne Weiber.
Versteht er sich doch auf Rosenduft
Und appetitliche Leiber.

Dem 31. Oktober 1817

Dreihundert Jahre hat sich schon
Der Protestant erwiesen,
Daß ihn von Papst- und Türkenthron
Befehle baß verdrießen.

Was auch der Pfaffe sinnt und schleicht,
Der Prediger steht zur Wache,
Und daß der Erbfeind nichts erreicht,
Ist aller Deutschen Sache.

Auch ich soll gottgegebne Kraft
Nicht ungenützt verlieren,
Und will in Kunst und Wissenschaft
Wie immer protestieren.

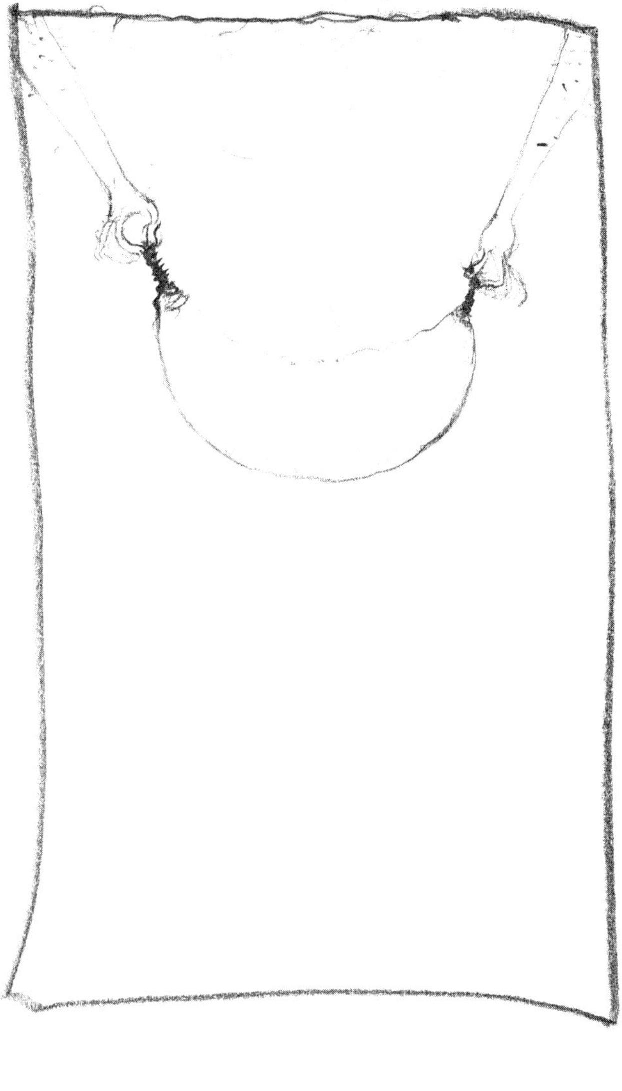

Das Parterre spricht

Strenge Fräulein zu begrüßen,
Muß ich mich bequemen;
Mit den lüderlichen Süßen
Werd ichs leichter nehmen.

Auf der Bühne lieb ich droben
Keine Redumschweife;
Soll ich denn am Ende loben,
Was ich nicht begreife?

Lose, faßliche Gebärden
Können mich verführen;
Lieber will ich schlechter werden
Als mich ennuyieren.

WAS ist denn aber beim Gespräch,
Das Herz und Geist erfüllet,
Als daß ein echtes Wort-Gepräg
Von Aug zu Auge quillet!
Kommt jener nun mit Gläsern dort,
So bin ich stille, stille;
Ich rede kein vernünftig Wort
Mit einem durch die Brille.

KENNST du das Spiel, wo man, im lustgen Kreis,
Das Pfeifchen sucht und niemals findet,
Weil mans dem Sucher, ohn daß ers weiß,
In seines Rockes hintre Falten bindet,
Das heißt: an seinen Steiß?

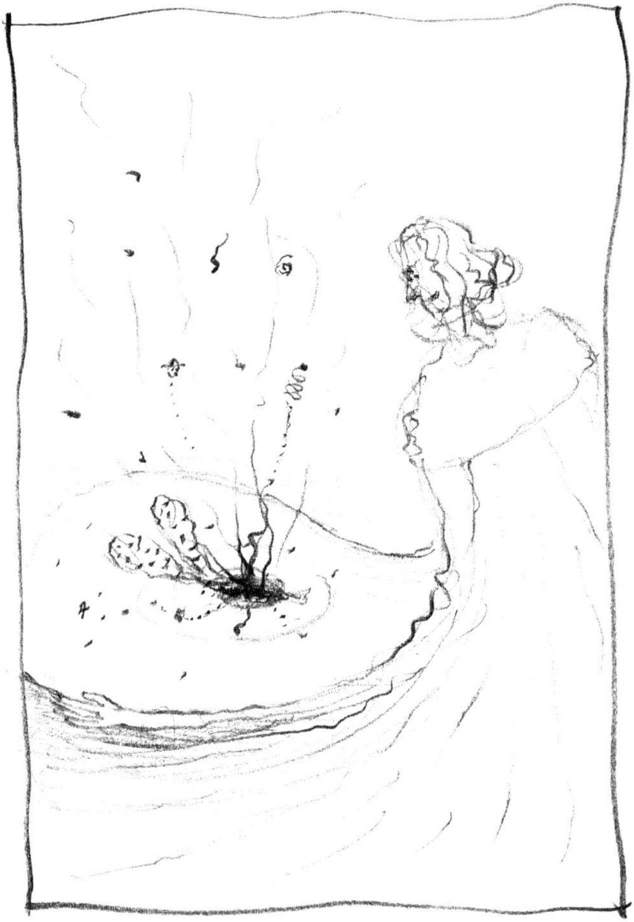

JA, das ist das rechte Gleis,
Daß man nicht weiß,
Was man denkt,
Wenn man denkt;
Alles ist als wie geschenkt.

SAGE mir keiner:
Hier soll ich hausen!
Hier, mehr als draußen,
Bin ich alleiner.

ICH wünsche mir eine hübsche Frau,
Die nicht alles nähme gar zu genau,
Doch aber zugleich am besten verstände,
Wie ich mich selbst am besten befände.

O IHR Tags- und Splitterrichter,
Splittert nur nicht alles klein!
Denn, fürwahr! der schlechtste Dichter
Wird noch euer Meister sein.

An einen jungen Prahler

Dir hat, wie du mir selbst erzählt,
Es nie an Phillis Gunst gefehlt.
Du sprichst, dir hab sie viel erlaubt,
Und du ihr noch weit mehr geraubt.
Doch jetzt kommt sie, es wird sehr viel davon gesprochen,
In wenig Tagen in die Wochen.
Was könnte nun vom Argwohn dich befrein,
Der Vater dieses Kinds zu sein?
Wärst du nicht gar zu klein!

Eins wie's andre

Die Welt ist ein Sardellen-Salat;
Er schmeckt uns früh, er schmeckt uns spat:
Zitronen-Scheibchen rings umher,
Dann Fischlein, Würstlein, und was noch mehr
In Essig und Öl zusammenrinnt,
Kapern, so künftige Blumen sind –
Man schluckt sie zusammen wie Ein Gesind.

An Lili

Holde Lili, warst so lang
All mein Lust und all mein Sang,
Bist, ach, nun all mein Schmerz, und doch
All mein Sang bist du noch.

WÄRE doch das Blättchen größer!
Sagt ich mehr und sagt es besser;
Da es aber gar zu klein,
Sag ich nur: Gedenke mein!

Auf die Sängerin Catalani

Im Zimmer wie im hohen Saal
Hört keiner je sich satt:
Denn man erfährt zum ersten Mal,
Warum man Ohren hat.

WIE'S aber in der Welt zugeht
Eigentlich niemand recht versteht,
Und auch bis auf den heutigen Tag
Niemand gerne verstehen mag.
Gehabe du dich mit Verstand,
Wie dir eben der Tag zur Hand;
Denk immer: Ist's gegangen bis jetzt,
So wird es auch wohl gehen zuletzt.

An den neuen St. Antonius

Herr Bruder,
Welch ein Luder
Bringst du in deine Einsiedelei!
Ohne Zweifel
Dich versucht der Teufel.
Gott steh uns bei!

DIE beiden lieben sich gar fein,
Mögen nicht ohne einander sein.
Wie eins im andern sich verliert,
Manch buntes Kind sich ausgebiert.

Betrachte das nur recht mit Lust,
Was Plato von Hell und Dunkel gewußt,
Der, wie uns gegenwärtig klar,
Unter Philosophen keine Katze war.

SO wie ich weiß,
Hieß es Granit-Gneis.
Jetzt heißts Gneis-Granit;
Das ist ein wichtiger Schritt!
Als wenn ich sagte: Seel und Leib,
Mann und Weib!
Weib und Mann, Leib und Seele:
Gott gebe, daß es am Besten nicht fehle!

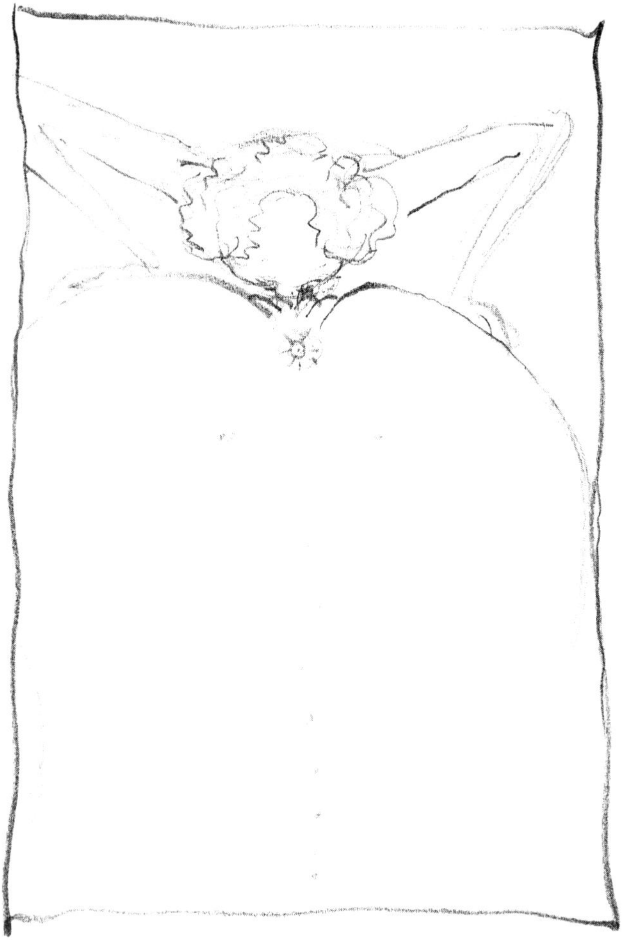

UND was bleibt denn an dem Leben,
Wenn es alles ging zu Funken,
Wenn die Ehre mit dem Streben
Alles ist im Quark versunken.

Und doch kann dich nichts vernichten,
Wenn, Vergänglichem zum Trotze,
Willst dein Sehnen ewig richten
Erst zur Flasche dann zur ***

UND warum geht es nicht
In solchen Sachen?
Es meinet jedermann
Er könn es machen;
Und wenn er's machen soll,
Kann er's nicht machen.

WIE ich so ehrlich war,
Hab ich gefehlt,
Und habe Jahre lang
Mich durchgequält;
Ich galt und galt auch nicht,
Was sollt es heißen?
Nun wollt ich Schelm sein,
Tät mich befleißen;
Das wollt mir gar nicht ein,
Mußt mich zerreißen.
Da dacht ich: ehrlich sein
Ist doch das beste,
War es nur kümmerlich,
So steht es feste.

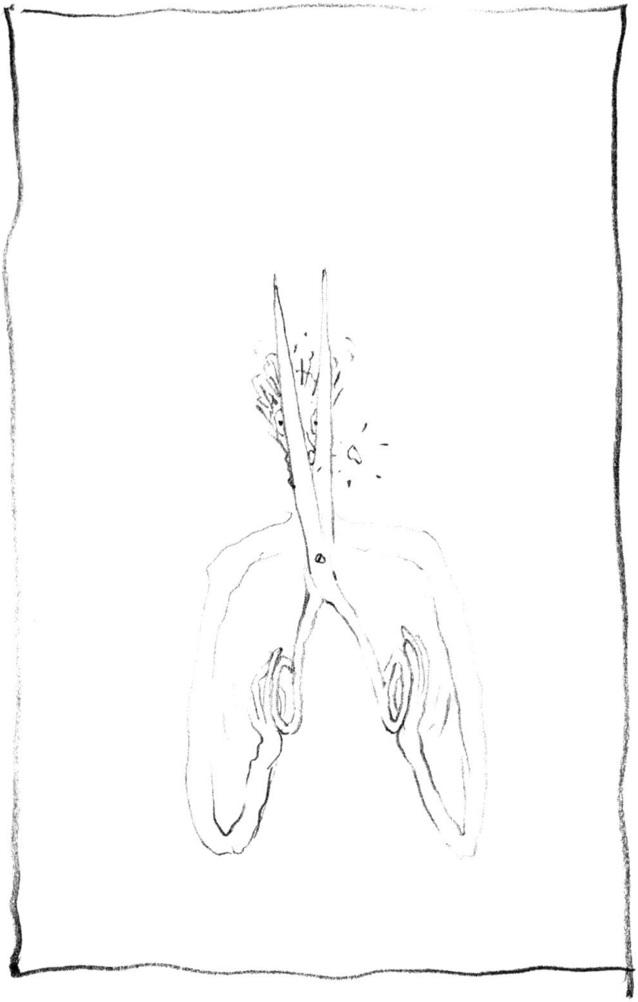

ALLE Menschen groß und klein
Spinnen sich ein Gewebe fein,
Wo sie mit ihrer Scheren Spitzen
Gar zierlich in der Mitte sitzen.
Wenn nun darein ein Besen fährt,
Sagen sie, es sei unerhört
Man habe den größten Palast zerstört.

SITZ ich allein,
Wo kann ich besser sein?
Meinen Wein
Trink ich allein,
Niemand setzt mir Schranken,
Ich hab so meine eignen Gedanken.

TRUNKEN müssen wir alle sein!
Jugend ist Trunkenheit ohne Wein;
Trinkt sich das Alter wieder zu Jugend,
So ist es wundervolle Tugend.
Für Sorgen sorgt das liebe Leben
Und Sorgenbrecher sind die Reben.

DA wird nicht mehr nachgefragt!
Wein ist ernstlich untersagt.
Soll denn doch getrunken sein,
Trinke nur vom besten Wein:
Doppelt wärest du ein Ketzer
In Verdammnis um den Krätzer.

JOHANN WOLFGANG VON GOETHE
Geboren 1749 in Frankfurt am Main, Dichter.

WALTER SCHMÖGNER
Geboren 1943 in Wien, Maler, Zeichner, Buchkünstler, Bühnenausstatter.

GOTTLIEB AMSEL
Geboren 1936 in Batavia, Universitätsbibliothekar in Pisa.

Inhalt